Ben Kretlow

ein gewonnener tag

Gedichte

poeme_edition:kieber

Bibliografische Information der Deutschen Nationalbibliothek:
Die Deutsche Nationalbibliothek verzeichnet diese Publikation in der Deutschen Nationalbibliografie; detaillierte bibliografische Daten sind im Internet über http://dnb.dnb.de abrufbar.

produziert von © 2023 EDITION KIEBER

Kontakt: Email – info@benkretlow.de
Instagram - @benstagram1985

Herstellung und Verlag: BoD – Books on Demand, Norderstedt

ISBN: 978-3-7578-2940-7

I

lektion #01

lass mich dir nur sagen,
wenn ich eins gelernt hab im leben,
dann, dass es nichts gibt,
was sie dir jemals wirklich umsonst geben

denn jedes wort bedeutet nichts als transaktion
immer wieder ne erwartung im unterton
& je schneller du dich umdrehst,
                              spürst dus schon,
wurde jede deiner gesten gegen dich
                              zur munition

& nur du kannst dich fragen,
ob sich das lohnt,
zu akzeptieren, dass das leben nun mal so passiert
mit immer wieder derselben erkenntnis:
                              hier + hier fehler registriert

Leadstimme: Isa
Geschrieben am 08.04.2023

leitsatz

das hier alles ist nur n schlechter traum
aus dem niemand meer erwacht
ein zunicken + dann jeder zurück in seinen raum
der ihnen nur leere macht

klick eins, klick zwei, kann jetzt kommen
was auch immer will
meer gegeben als je gewollt oder genommen
halt ich diese nacht noch still

aber morgen isses dann vorbei.
das isses dann gewesen
niemand ist niemals wirklich frei
werdet ihr nach mir an diesen wänden lesen

Leadstimme: Isa
Geschrieben am 23.03.2023

marathon

so wie er rennt nachts durch die stadt – er sieht,
was sie vorher nie für jemanden gab + nun gibt
wo er stehen bleibt an ihren orten,
                        die sie nicht meer kennt,
entkommt er nicht seinem eigenen weglaufen;
                                er rennt

gegen den rest der wände, die sie mal niederrissen –
                                doch
zerbröselt nicht alles von diesen bildern in seinem kopf:
er wägt ab / er vermutet, malt szenarien / er spekuliert,
was es nun wohl ist, woran sie sich so tief verliert

& läuft weiter, doch auf einmal im regen mittendrin
kommt in ihm die frage auf nach dem sinn,
den er in seinem festhalten mit offnen augen
                        selbst so recht nicht findet,
als er hier + jetzt zum letzten mal aus diesen straßen
                                verschwindet

Leadstimme: Mischa
Geschrieben am 25.01.2023

meer kälte

immer schmaler werdende gassen in deinen gedanken
+ tiefe kerben eines lebens auf der haut + das falten
der hände in der stille, wenn dir einfach für alles die
worte fehlen. bitte, bei gott, lass alles gut werden für
unsre kinder, wühlt sie zwischen den trümmern ihrer
stunden. der ton vom film ist aus. das skript, das sie
ihr auf den leib geschrieben haben (leb es so, wie es
da steht!) wird vom gang in die welt jeden tag neu
angezündet, & ihr gehorsam kämpft allein gegen das
so dringliche kokeln an, weil sonst, befürchtet sie,
erlischst du. wer ihr den spuk von freiheit einflüstert,
der kann nicht die wahrheit sagen. alles ist in stein
gemeißelt: wort um wort. tat um tat. & ich weiß doch
um meinen platz: ich weiß doch, wer ich bin. sieht man
mich, bin ich ein meer so kalt, wünscht sie sich, sodass
niemand sich jemals meer darin verschwimmt

Leadstimme: Frau Y.
Geschrieben am 27.02.2023

selda will frieden

selda will nicht meer wissen,
was es ist, was in ihr so treibt:
sie möchte am liebsten vergessen

in ihr ist alles zerrissen,
während sie vor sich selber schweigt
nach ihrem besten ermessen

& wenn es an der tür klopft
wenn die schritte näherkommen,
nachdem der fahrstuhl hielt,
pocht ihr herz schneller + schneller //:

als der regen gegen ihre fenster tropft
so laut, dass sie wie gelähmt ist,
ja, sodass sie nur hofft,
der nächste moment wird ganz schnell heller

nein, selda schaut keinem mann
meer in die augen –
selda will endlich nur frieden.
keinem worte wird sie meer glauben,
denn meinen wunden körper nahmt ihr euch,
aber meine seele werdet ihr nicht kriegen

Leadstimme: Selda
Geschrieben am 21.04.2023

mischas platz

ich reich nicht aus
ich bin nicht genug
& versuch ich, jemand andres zu sein,
isses selbstbetrug

ich bin nicht schön
+ hab null cent geld
& so sehr ich auch davon träum,
bin ich für niemanden ein held

ich geh innerlich
auf die barrikaden gegen mich –
hört man, wie laut ich protestier?
bis ich letztlich an diesem punkt
gegen mich immer wieder verlier

so isses nunmal, zieht mischa für sich
unter dem ganzen gejammer einen strich:
diese welt ist für die auserwählten,
                    die reichen + schönen
& jemand wie ich hat sich einfach
                    daran zu gewöhnen

Leadstimme: Mischa
Geschrieben am 18.04.2023

ambitionen

nee, du bist fremd hier
keiner der dich kennt
was willst du hier
nichts das man dir schenkt

geh nach hause, junge
das was gleich passiert
genau in einer stunde
überlässt du lieber mir

das blut rinnt aus seiner schläfe
du, ich schaff das schon allein
mich trifft man nicht mit schläge
ich bin längst kalt wie stein

Leadstimmen: Amir + Mischa
Geschrieben am 16.04.2023

papa

papa, mach das nicht, weint lennard
so hart
warum achtet das leben nicht, schreit papa,
was ich hier alles gab?
ich liebte meine frau, schaut er in den
himmel, & alles, was ich tat,
hielt letztlich niemanden davon ab,
so zu tun, als ob ich nie
irgendjemandem zur seite trat

& als papa hinter sich die türe schließt,
ist lennard ganz still:
genau so, wie es die angst in der luft
für deine unsicherheit nur will.
bis nachts, nein, keinen
von seinen
schritten hinein
durch diese gottverdammte alte tür ---
& wenn ihm das ne lektion fürs leben war,
weiß lennard nun bis zum ende, ja,
warum... und wofür

Leadstimme: Lennard
Geschrieben am 22.04.2023

elf zigaretten

ich habe nichts davon gesehen. nichts habe ich gehört
oder irgendwas verstanden: nein, mich nicht eingemischt
oder was dazugedichtet in keiner geschichte, die man so
brühwarm weitererzählt, von niemandem, den ich kenn.
wenn es vor der tür knarrt, denk ich, oha, jemand
kommt, oder auf dem hausflur das schimmern, das
überfallartig durch den briefschlitz kriecht, so als würde
gleich irgendwas geschehen, wovon noch niemand etwas
ahnt. *(stille.)*
drei kaffee + elf zigaretten später aber bin ich endlich
der könig unter den blinden, taub + ausgekühlt, so wie
ich es den ganzen tag einfach nur sein wollte, und lösche
zwanzig nach zehn *(ich längst vergessen)* das blanke,
das nackte licht am bett

Leadstimme: Isa
Geschrieben am 27.02.2023

barackenkind

ben kretlow schrieb mal ein gedicht, das hieß
ghettoblumenland. kennt keiner, aber ich habs vor jahren
mal gelesen. die figur darin sprach von einem grauen ort
aus beton, ja, von irgendner platte im nirgendwo, & sie
wollte nur noch da raus. menschen mit verlorenen
träumen irrten dort umher, und welche, die noch nicht
wussten, dass ihre träume nie ins leben hineingeboren
werden würden, und die vor sich hin ungehört +
unbeachtet lebend sterben.
verschwendete jugend auf dem asphalt.
eine anonymisierte hoffnung auf ein ende des kampfes,
die sich aber nicht erfüllt. yuna, genau, so hieß das
mädchen, sie war 17 + schrieb: *ich, ein kind der
baracken, träume von der großen, weiten welt.*

Leadstimme: Selda
Geschrieben am 27.02.2023.
Überarbeitet am 23.04.2023

verliebdichheutenacht

die sorgen im block sind jetzt mal aus.
jede träne, die für den moment geweint
            werden musste, ist nun raus,
denn JETZT gibt es keinen grund meer,
um in kummer zu versinken

wenn der mond sie aus ihren schuhen zwingt
+ unter all den lichterketten überm beton
die musik beginnt,
könnts doch mal sowas wie leichtigkeit sein,
die wir trinken,

denken sich mischa + lara (oder isa
aus dem achten),
die schon lange nicht meer
an dieses freie gefühl dachten,
während lara langsam ihre arme um ihn schwingt
+ sein blick ihre augen zum glühen bringt

Leadstimmen: Mischa + Lara
Backgroundstimme: Isa
Geschrieben am 20.04.2023

zögern

nach wochen des wartens geht er raus,
um zu sehen, was so geht
unter den lichtern der stadt,
zwischen denen er nun steht

& in den tönen sieht er sie
+ in all der hektik, die um ihn reicht:
kühle braune haut
in heißem jungfrauenweiß

& nach einem blick, der meer sagt,
als was er spricht,
ahnt sie, wenn er jetzt was wagt,
dass sie allein nach haus geht, geschieht heut nicht

also fragt er: ist die suche vorbei?
& sie sagt: zumindest für die nacht
denn was für einen reicht, passt schon für zwei,
ja, wenn sies macht

Leadstimmen: Mischa + Lara
Geschrieben am 12.07.2022

besser nicht

aufzustehen in dem moment, wenn man
weiß, das wird der schwerste gang,
+ dazwischen reden, wenn alle horchen,
welcher wind grade auf dem flure weht

die letzten sachen packen
+ das haus verlassen
licht an licht aus,
der blick in den nebel
+ der regen schon in ihren augen

niemand darf die nächte stören (hallo?)
nein, niemand darf die nächte stören,
wenn wer träume für sich malt,
die man, bei gott, besser niemandem erzählt

Leadstimme: Lara
Geschrieben am 07.03.2023

II

gib mir eine welt

gib mir eine welt, in der ich alles
bin, was du nur willst. gib mir den
regen, & ich küss ihn von deiner seele,
baby, die so wärmend ist + (ich weiß,
auch wenn du es nicht sagst) manchmal
schmerzt. *gib mir deinen atem...*
ja, gib mir deinen atem + lass mich fallen
in einen raum nur voll von dir: wunder
+ aufregung, & ich mach, dass du sicher bist
+ geborgen in der kälte noch manchmal
nachts im april. *ja, wäre ich nur der regen...*
& baby, lass mich dein licht sein, sagst du,
als du mit deinen fingerspitzen über mein
gesicht streifst, & ich mach dabei für dich
das ende der dunkelheit irgendwo hinter
den dächern unsrer stadt
du, irgendwo hinter den dächern auf dem
andern ufer da drüben geht grade die sonne
unter, & ich weiß, du sitzt dort, baby, während
du an mich denkst... und vermisst uns auch

Leadstimme: Ben
Geschrieben am 15.04.2023
Für mein Babyherz: die eine wahre Liebe meines Lebens

dilê min / mein herz

in 80 kilometern über dem staub der erde,
wo ich selbst mit geschlossenen augen
in deinem kuss noch schweben werde
+ mein herz dabei nie deines loslässt,
ja, bis zu dem tag, an dem ich sterbe,
fühlst du, meine eine liebe, unser sein
nie zerrissen in atom + scherbe

so, als kämen wir näher einem himmel,
der uns nach all der zeit einander versprach,
& wir hätten jetzt die antwort auf all die tränen,
die uns vorher niemand gab,
während wir dabei behütend dieses feuer in uns
halten, das es nur einmal im leben gibt,
als schon längst niemand meer
unsre braunen augen noch länger traurig sieht...

& wenn ich jetzt daran denk, wie viel du
mit jedem deiner blicke in mir bewirkst,
dank ich dir so sehr für jedes wunder,
das auf unsrer reise geschehen wird,
denn dein kuss... dein atem... ja, dein jedes lied
kann hoffentlich für immer erahnen + fühlen,
wie tief + tief ich dich in mir lieb

Leadstimme: Ben
Geschrieben am 21.01.2023
Für mein Babyherz: die eine wahre Liebe meines Lebens

26

stiller tanz

& sie fragt sich, warum können diese
tränen nicht aufhören zu fließen?
wie kann ichs nur schaffen, dass ich fließe
+ sich meine augen dafür nicht meer schließen?

wie find ich nur den weg heraus
aus diesen engen wänden,
die so viel erzählen: ja, leise / laut:
von all den tränen in meinen händen?

& ja, wo werde ich sein, wenn alles still,
ohne immer dieses kämpfen,
genau seine arme sind, wohin ich nur will,
ja, wo alle meine tränen endlich enden

& dann sieht sie ihn / sie sieht sich:
da ist nie meer ein funken traurigkeit
                    auf ihrem gesicht,
wenn sie überall sein kann in ihren träumen,
als er so tief in liebe zu ihr spricht

Leadstimme: Selda
Geschrieben am 18.02.2023

27

das ist ben

das ist ben, den der eine oder andere kennt
dieser ben, der um #meerliebefüreinander
+ mitgefühl in seinen gedichten flennt
ja, der dafür, wenn ihn etwas befeuert,
was er gebetsmühlenartig immer wieder beteuert,
mit ganzem herzen brennt

aber das ist auch der ben, der sich entfernt,
wenn er eine fassade schicht um schicht entkernt
+ die wahrheit hinter einem lächeln
immer wieder auf die bittere tour erlernt,
denn er glaubt + vertraut
ist vielleicht zu selten der,
der mal auf den tische haut

ja, der, der ihm in seine
großen braunen augen schaut,
wird vielleicht jemanden sehen,
der seine welt aus träumen baut

& nie fand ben, als er begann zu verstehen,
dass die meisten nie wirklich fühlen + zuhören,
                      sondern lieber gehen,
sein herz + wesen jemals deswegen aufzugeben
denn er ist nun mal, wer er ist,
sagt er sich beim blick in den spiegel
(in der einen hand seine tiefe,
          in der andern einen ziegel),
auch wenn er das manchmal (zu schade)
          für sich selbst vergisst

Leadstimme: Ben
Geschrieben am 01.04.2023

flackerschritt

alles kann so leise sein hier
das gebrüll in den straßen ist vorbei
das rufen der hunde und
das klirren der scherben auch
auf die man tritt
wenn du so vor dich hin flüchtest
in eine welt
die niemand in dir sieht –
& nein, keiner dich dabei bemerkt

alles ist so still hier
& manchmal
wenn nicht mal meer das straßenlicht
flackert fernab des behütetseins
am andern ende der stadt
atmest du (ja, du!)
das erste mal seit langem
einfach
nur durch

Leadstimme: Selda
Geschrieben am 09.04.2023

29

mischa dunkelherz

mischa dunkelherz liegt auf seinem bett
+ starrt an die decke
dieses viertel, diese straßen, dieses haus,
in dem ich verrecke

kein job, keine perspektive,
niemand am telefon
& dafür täglich einen kampf zu kämpfen,
der sich für niemanden lohnt?

so steht mischa auf,
schleppt sich ans nächtliche fenster
öffnet seine augen und schaut
ich bleibe für immer eines dieser gespenster
ich bleibe für immer eines dieser gespenster
ich bleibe. immer

Leadstimme: Mischa
Geschrieben am 16.04.2023

schatten

harte kante, neutrale miene,
schlagring, breites kreuz und
wenn du weiter so auge machst,
dann...

jeder weiß, jeder ist sein eigenes
gesetz im block. täter: opfer:
kläger: richter – keiner singt
hier über das, was hier passiert,
capiche?, & nun verpiss dich.

sonnenschein aufm beton, aber
was dich von allem immer nur
irgendwie selber anfasst,
ja, das sind die schatten

Leadstimme: Lennard + Jakub
Geschrieben am 09.04.2023

schimmerleben

also sag, wohin geht all dein geld?
isses das weiße glück in deiner nase,
das deine welt zusammenhält,
während du im fluss der verführung
zwischen den wellen des lebens zerfällst?
glaub mir, wenn du erst darin schwimmst,
wirkt selbst die strömung nicht meer hell
wirkt selbst die strömung nicht meer
wirkt selbst die strömung

also, was ist nur dein fuckin' problem?
was, glaubst du, spielt dir jeden tag übel mit?
wen oder was kannst du nicht meer sehen,
aber nichts davon lässt dich los mit keinem schritt?
isses das leere portemonnaie, das
dir dreckig in die fratze lacht?
oder sinds diese fesseln um deinen hals,
was dich so fertig macht?
du, ich glaub, du kannst gar nicht meer
wirklich was von dir geben

& wenn du dann noch so laut tönst,
als wärst du der king der welt,
aber haust inner bude,
die der putz grade so zusammenhält,
als brocken um brocken
deiner fassade in sich zusammenkracht,
ist deine spur einsicht vielleicht längst zu spät:
hey, was hab ich mir bloß dabei gedacht?

Leadstimme: Jakub
Geschrieben am 19.03.2023

hinterher weint man immer meer

die lieder in dieser wohnung,
fühlt sie, machen mich traurig
die stimmen jung + alt
auf dem flur, dritte etage, vor meiner tür
ebenso

der blick auf die alten fotos
zwischen meinen fingern
+ dann der raus ins nirgendwo
bewegen in mir grade
irgendwie dasselbe und –

was aus mir geworden ist,
so wie ich mich jetzt seh –
ich kann das gar nicht glauben…

träume sollten doch eigentlich
          gar nicht
     vergänglich
werden, oder?:

aber warum nur sitz ich hier, fragt sie,
und weine meinem lächeln hinterher?

Leadstimme: Selda
© Ben Kretlow + Kevin Prox.
Geschrieben am 30.03.2022/16.04.2023

nocheinmalliebenkopfschuss

sie gab ihre liebe, ja, sie gab ihr leben
gab ihr herz, ihren körper + alles vergebens
wir waren doch unzertrennlich, weint diese träne
auf ihrer hand
& nun solls so sein, als hätten deine
küsse mich nie gekannt?

also braucht sie jemanden, der genau weiß,
wie lieben zwischen zwei seelen geschieht,
ja, dass die eine nicht immer bangen muss,
dass die andere sie nicht meer liebt
& du, bitte sei nicht noch einmal so naiv,
dass er weiß, dass du wiederkommst,
                    wenn er nicht blieb

auch wenn all das so leicht gesagt ist, ich weiß,
als sie ihre stimmen in sich sprudeln hört,
wünscht sie sich diese selbstachtung doch:
dass sie nämlich solch eine liebe
noch einmal genauso wenig braucht
wie n schuss direkt durch ihren kopf

Leadstimme: Lara
Geschrieben am 10.04.2023

ps: dein letzter blick

ps: vielleicht ist dieses haus genau das,
was wir brauchen
vielleicht isses dein letzter blick, weißtdu?,
bevor du deine augen so milde schließt,
& ich schau dich noch eine stunde an,
bis ich mit dir von hier aus einschlafe.
du, ich möchte nie, dass du gehst ohne
mich: in keinen regen, in keine nacht,
nein, in keine andere welt, in der ich nicht
bei dir sein darf, weil ich den klang
deiner wimpern, wenn sie sich immer wieder
+ wieder schließen, bevor du in unsern
traum versinkst, so sehr brauche hier
unter meinem kerzenlicht

Leadstimme: Ben
Geschrieben am 15.04.2023
Für mein Babyherz: die eine wahre Liebe meines Lebens

III

dengê sibê / morgengeräusch

mein wort ist meine waffe
+ der glaube daran,
dass gleichheit aus uns brüder mache,
lässt mich nicht aufgeben
in dieser zelle für die sache

wo immer sie mich einsperren:
du, manche lichter erlischen nie
nehmt mein bild: ihr könnt es
variieren, modifizieren, löschen/verzerren,
aber seid euch gewiss in einem sicher,
ja, dass ich noch immer aufmerksam wache

das ist also mein prozess?
& dabei wüsst ich zu gern, tayyip,
was dich derart durch die nächte hetzt,
weil wenn du mir wien richtiger mann
nur einmal in die augen siehst,
weißt selbst du ohne meine reden,
du bist schuldiger als das,
was ich über dich schrieb

Leadstimme: Selahattin
Geschrieben am 16.04.2023
Für Selahattin Demirtaş. #friedenfürkurdistan

kiews kinder

sehen in einen wie gemalten himmel
der geteilt ist in wolken + hoffnung
rufen hinein in straßen die unbehaglichkeit
in ihrem mut verschweigen und
bergen trümmer die ihre träume jederzeit
einfach so zersplittern können

das zerbrechliche der kindheit liegt
+ wartet direkt vor ihren füßen.
ich möchte dass das dröhnen der sirenen
aufhört schreibt juliana 11 jahre alt
aber selenskyj, nein, kann ihr noch
nicht versprechen wann

Leadstimme: Juliana
Geschrieben am 22.04.2023

mein name ist mahsa amini
(& ich wurde gestorben für die freiheit)

du kannst meinen willen bekriegen.
versuchs, mir deine schemen aufzuzwingen
& wenn ich nicht spur,
mich um die ecke zu bringen,
aber du, & ja, das weiß nur
ich, wirst nie über mich siegen,
punkt.

denn mein haar so schön
& meine stimme jetzt so laut
was davon hast du vor der u-bahn gesehen,
dass du dich als mann traust,

mir hier schellen zu legen
um meine reine hand
+ mir dabei das leben zu nehmen
ja, weil du als mann

lebst noch die zukunft aus der alten geschichte
dabei geb ich als frau dir das leben
aber knüppel ruhig deine gefährdung zunichte:
nein, unmännlicher kanns nicht gehen

vielleicht hörst du, wie sie jetzt meinen namen schreien,
+ siehst, wie die straßen brennen + brennen
ich weiß nicht... kann das paradies verzeihen?
vielleicht solltest du nun anfangen zu rennen

Leadstimme: Mahsa
Geschrieben am 07.01.2022
#mahsaamini

wenn vielleicht zwei bilder

das kerzenlicht scheint tief hinein in ihre augen:
in einem fremden raum in einem fremden
haus in einer fremden straße in einer fremden
stadt. sie hört von unten stimmen: mit fremden
worten in einer fremden sprache in einem fremden
ton, als sie fühlt, als sie ertastet zwei eingerissene
fotos aus einer welt, die hier zu ende ist. sie fühlt,
sie ertastet einen letzten atem aus den bildern,
die alles sind, was sie noch hat. du, was passiert,
wenn vielleicht nur der herzschlag bleibt
nach dem leben, nach der heimat, nach der liebe?

Leadstimme: Frau Y.
Geschrieben am 11.09.2022

wenn du heut noch träumst (kinderlied)

wie wärs, wenn du heut noch träumst
so hoffnungsvoll wie damals als kind,
ohne all die grausamkeiten einer welt zu kennen,
in der wir heute sind?

wie wärs, hättest du vielleicht niemals verlernt,
nicht in schwarz + weiß + schemen zu sehen,
+ niemand um dich herum hätt sich entfernt
von dem, wofür wir menschen eigentlich stehen...

doch das träumen, mein kind, das unterscheidet sich
so fatal zwischen groß + klein
& so sehr du dagegen rennst + kämpfst,
zieht dich das leben da irgendwann mit rein

& du vergisst... und, ja, wirst vergessen
+ bis aufs äußerste manipuliert,
bis sie alles dafür getan haben werden,
dass du *deinen* blick verlierst

Leadstimmen: Kinder dieser Welt
Geschrieben am 09.07.2023

IV

schrei lauter, selda

ich hab genug von dieser ungleichheit
ich hab genug von ihren schemen
ich hab genug vom ewig kämpfen
für irgendwann ein bessres leben

ich hab genug von all ihren lügen
+ vom ständig nur träumen auch
alles, was ich nur noch spür,
ist diese scheiß wut in meinem bauch

ich hab genug von meiner eignen nachsicht
kann mir mein immer verständnis
                              selber nicht verzeihen
ja, wann denk ich nur ein mal an mich?
so oder so verbietet mir diese welt mein schreien

Leadstimme: Selda
Geschrieben am 08.05.2023

er träumt sich etwas vor

er hat ihre nummer:
sie weiß genau, was geschieht
sein herz steckt in kummer,
was er ihr nie verriet

sie will nur tanzen:
er träumt sich da raus
in ein andres leben verschanzen
löscht sie die vergangenheit aus

& jede bewegung, in die sie fließt:
macht bloß sein verlangen, das sich häuft
denn jede nacht, die sie von sich gibt,
fühlt nie weg, was er so sehr bereut

also ist da lust in seinen händen:
ja, ohnmacht, die sich nicht verwäscht
er weiß, dieses spiel wird nie enden,
solang er diese illusion nicht verlässt

Leadstimmen: Mischa + Lara
Geschrieben am 16.05.2023

morphium

ich will nur schlafen:
er will wieder fliehen
in ein andres wach,
das ihm so friedvoll erschien

ich will nichts meer fühlen:
kein schmerz, der ihn reizt,
soll ihn noch länger bemühen,
während er in wellen treibt

seine lider sinken tiefer:
seine augen wollen eine welt,
die ihm nichts lieber
als stille + frieden erzählt

du, ich halt es nicht meer aus:
komm, erhöh das glück
& pass bitte auf mich auf
ich komm schon zurück

& das licht in seinen träumen
wird heller
das ende von diesen schäumen,
ja, droht schneller

ich will doch nur weiterschweben:
er will noch einen schluck dieser ruh
so wie sich diese bilder bewegen,
will ich raus von hier immerzu

aber diese angst vor der wirklichkeit
kämpft sich empor in immer größeren zügen,
in denen er nicht abstreiten kann zu weit,
dass all seine träume nur lügen

Leadstimme: Jakub
Geschrieben am 29.04.2023

49

loyal

bist du mit derselben krankheit infiziert,
deren symptome man als solche definiert
wie gewissenlosigkeit + gier?

ja, dass du immer der gewinner sein musst,
obwohl du außen vor bist + verlierst
dass dein wort immer das letzte sein muss,
das entblößt + diskreditiert
ja, dass du stets die regeln derart variierst,
damit es deinen gegenüber bloßstellt + schikaniert,
sodass sich alles zu deinen gunsten dreht + passiert
in all deinen schemen, die du vorher auskalkulierst

denn freund, ich hab dich nie betrogen oder getäuscht
ich folgte stets derselben richtung, die du läufst,
aber wenn du willst, schwör ich bis aufs blut,
dass ich alles gebe für das, was du tust,
auch wenn es für mich letztlich dafür heißt,
dass ich gar nichts meer von mir weiß

also, zeig mir das geld, & ich nehm es
zeig mir das bild, & ich dreh es
sag mir die lüge, & ich fleh es
so laut heraus,
dass du nie einen moment
meiner loyalität misstraust

Leadstimme: Lennard + Jakub
Geschrieben am 28.04.2023

dieses mal

dieses mal wollen sie ihn kriegen
dieses mal ihn vor ihren karren ziehen
dieses mal, ja, zeigen sie es ihm
denn dieses mal wird nicht geschwiegen
nein, dieses mal bleibt einer von beiden liegen
dieses mal räumen sie genau dort auf,
                              wo sie blieben

denn dieses mal bringen sie die sache zu ende
dieses mal läuft die ausführung durch ihre hände
dieses mal sollen flammen schlagen,
                              wo immer es brenne
denn dieses mal hilft nur härte, hilft nur strenge
dieses mal, sagen sie, trifffts einen, den ich kenne
dieses mal seis also besser, ja, wenn ich renne

also bin ich das opfer + du bist der täter?
wer zuerst seine faust wegzieht, ist der verräter
was, wenn nicht k.o., nur versteht er
+ wohin, wenn er uns meidet, geht er?
achte besser auf deine dreckigen worte, rät er
denn mit seiner würde allein, ja, schlägt er

denn dieses mal wollen sie ihn kriegen
dieses mal seine visage zu boden knien
dieses mal, ja, werden sie ihn verschieben,
bis seine ansichten im passenden schema liegen
denn dieses mal wird nur *ein* system siegen
+ dieses mal, ja, liest man nur die geschichte,
                              die *sie* schrieben

Leadstimme: Lennard + Jakub
Geschrieben am 20.05.2023

haut

also streif ich dich nun von meiner haut
so lang hab ich mich das nicht getraut,
weil ich wusste, dass dann der rest von dir
sich auch noch abwenden würde von mir

ich war wie eine waffe: so hart geladen,
weißtdu?, aber nicht zum schießen bereit
lieber still die tränen ertragen
'statt einfach auf dich feuer frei

doch nun perlt endlich das wasser so leicht
                              von meinem gesicht
& das, was mal tränen waren, nein,
                              erkenn ich nicht
denn dein bild, deine wunden auf meiner haut
sind nicht meer das,
                   was ich zum mich spüren brauch

Leadstimme: Selda
Geschrieben am 30.04.2023

ein gewonnener tag

er, den sie nur isa nennen,
aus etage nummer acht,
weiß, wie bilder sich richtig einbrennen,
als er bitter darüber lacht:

du, nein, nie hätte ich gedacht,
dass das leben das aus einem macht,
während er da so sitzt + zieht anner zigarette,
von der auch der, der neben ihm lallt,
noch gern n zug hätte:

ja, draußen halt ich die fassade –
zwar meer schlecht als recht,
aber immer echt –
und gebe so immer alles, was ich habe,
als wäre jeder neue tag mein letztes gefecht

Leadstimme: Isa
Geschrieben am 11.03.2023

betonromantik

wer verändert die geschichte
wer schreibt eine neue zeit
in dem blockgeflüster, das ich dichte,
in dem sich stein auf ziegel reimt

wo das leben dir auf die fresse haut
+ den dummen stets die stunde schlägt
wo keiner seinem nächsten traut
+ sich die uhre ganz anders dreht

so isses hier doch an ganz vielen orten
in diesem menschlich unnahbaren land
wir verlieren uns selbst nur in diesen worten –
alles wird kalt: dein herz, deine hand

Leadstimme: Isa
Geschrieben am 16.04.2023

im gedankenhaus

was ist echt was ist fiktion
was ist dank was blanker hohn
was ist trübe was wirklich klar
was wird werden was niemals war

was ist bewegung was ist frieden
was ist begegnung was ist entschieden
was ist schicksal was davon geplant
was wird geschehen wovor niemand warnt

& was ist hoffnung was ist gebet
was ist noch offen was längst gesät
was bedeutet gemeinsam was leiden allein
was er nie war wird er nie sein

Leadstimme: Isa
Geschrieben am 02.03.2023

ich liebe dich, aber niemand
darf mich sehen

ich versuche, für uns stark zu sein
ich versuche, für dich da zu sein,
wann immer du nach mir rufst

ich versuche, dir ein guter mann zu sein,
+ kämpf für uns tag aus tag ein,
damit du niemals nach einem andern glück suchst

ich weiß, du weißt, ich kann es verstehen,
dass alles für uns kommen wird zu seiner zeit,
+ warte hier, wo ich dich so sehr vermiss,
bis sich uns der nächste schritt in blüte zeigt

nur isses so, dass manchmal bei nacht
in sehnsucht zu mir kommen diese tränen
+ du mich versteckst bei unbekanntem geräusch,
weil niemand darf mich sehen

Leadstimme: Mischa
Geschrieben am 25.03.2023

sieben kippen

durch jeden raum zu gehen, durch diese stille:
deine fotos an jeder wand
zu atmen wie in einem vakuum, wie in einer hülle,
mit unsern erinnerungen in meiner hand

die du nur füllst mit deiner stimme:
ja, mit allem, was du in mir bewegst
wie ich mir vorstell, all das wird so lebendig,
wenn du auf einmal hier stehst

doch was mir bleibt die meiste zeit,
ist stunden zählen – tage, wochen, monate auch,
wenn ich auf deinem platz hier sitze
+ die letzten meiner sieben kippen rauch

Leadstimme: Mischa
Geschrieben am 20.05.2023

hörst du mich?

deinen kuss noch zu halten und
die linien deiner wangen dabei zu berühren
ja, die linien deines hals, deiner schultern
das zarte deiner haut tiefer + tiefer,
weißtdu?, und in meinen gedanken nachzuzeichnen
das feuer deiner tiefbraunen augen,
das mich verbrennt

baby, du kannst sagen, was immer du
willst – aber ich flüster nur. du nimmst
mir den atem, wenn du mir eine welt
gibst, in der ich alles bin,
was du nur willst

Leadstimme: Ben
Geschrieben am 11.03.2023
Für mein Babyherz: die eine wahre Liebe meines Lebens

nimm mich mit an einen ort

vielleicht kann es woanders wirklich anders
für uns sein als dieses unfreie hier;
du, vielleicht sind da nicht meer
diese grenzen, die man uns setzt.
vielleicht steht dort in einem haus schon
alles bereit für endlich wir,
& alles, was wir tun,
ist dann wirklich immer jetzt.

& stell dir vor, wie schön die welt dann ist:
da ist wirklich atmen, da ist wirklich sehen,
sodass sich selbst jede furcht fallend vergisst
in unserm wirklich blühenden leben.
also sag mir nur wie weit, & du weißt,
alles schon von mir rennt,
wenn du bereit bist, mich mitzunehmen
an einen ort, wo uns keiner kennt.

Leadstimmen: Mischa + Lara
Geschrieben am 22.05.2023

sie weiß, er wartet

sie weiß, ihr herz fließt zwischen zwei welten:
dieser fluss treibt, solange sehnsucht treiben kann
jedes meiner worte, sagt sie, soll immer so gelten,
bis ich wirklich fühl, in einer komm ich endlich an

nur steht sie noch mit dem rücken zur wand
der griff zur tür ist aber schon nah:
bald halt ich nur noch seine hand,
denn sie weiß, er wartet da

Leadstimme: Lara
Geschrieben am 01.06.2023

ENDE

Alle Stücke geschrieben*, bearbeitet, konzipiert + aufgezeichnet von Ben Kretlow,
*außer: "hinterher weint man immer meer": Ben Kretlow / Kevin Prox

Ben – Leadstimme in "gib mir eine welt", "dilê min / mein herz", "das ist ben", "ps: dein letzter blick", "hörst du mich?"

Mischa – Leadstimme in "marathon", "mischas platz", "mischa dunkelherz", "ich liebe dich, aber niemand darf mich sehen", "sieben kippen", Co-Leadstimme in "ambitionen", "verliebdichheutenacht", "zögern", "er träumt sich etwas vor", "nimm mich mit an einen ort"

Lara – Leadstimme in "besser nicht", "nocheinmalliebenkopfschuss", "sie weiß, er wartet", Co-Leadstimme in "verliebdichheutenacht", "zögern", "er träumt sich etwas vor", "nimm mich mit an einen ort"

Selda – Leadstimme in "selda will frieden", "barackenkind", "stiller tanz", "flackerschritt", "hinterher weint man immer meer", "schrei lauter, selda", "haut"

Isa – Leadstimme in "lektion #01", "leitsatz", "elf zigaretten", "ein gewonnener tag", "betonromantik", "im gedankenhaus", Backgroundstimme in "verliebdichheutenacht"

Lennard – Leadstimme in "papa", Co-Leadstimme in "schatten", "loyal", "dieses mal"

Jakub – Leadstimme in "schimmerleben", "morphium", Co-Leadstimme in "schatten", "loyal", "dieses mal"

Amir – Co-Leadstimme in "ambitionen"

Frau Y. – Leadstimme in "meer kälte", "wenn vielleicht zwei bilder"

Selahattin – Leadstimme in "dengê sibê / morgengeräusch"

Juliana – Leadstimme in "kiews kinder"

Mahsa – Leadstimme in "mein name ist mahsa amini (& ich wurde gestorben für die freiheit)"

Kinder dieser Welt – Leadstimmen in "wenn du heut noch träumst (kinderlied)"

bonus tracks:
outtakes (auswahl)

hinter deiner angst
laras tränen
herr sonnenschein war mal wer
letzter kuss
nun bist du wer
anderes blau
sie tanzt ihr leben lang
Hinterher weint man immer mehr (Kevin Prox)

hinter deiner angst

entspann dich, nichts wird dich verletzen:
stell dir eine welt vor, in der
        wir uns auf andre stühle setzen

atme ein, niemand tut dir weh:
wenn du jetzt tief in dich gehen kannst,
        rat ich dir: geh

& dann schließ deine augen + nichts
            wird dich hier meer halten:
all die aussicht auf licht wird deine zweifel spalten

& dann, glaub mir, kannst du in hoffnung siegen,
während sich die moleküle deiner träume
        in dein bewusstsein schieben

Leadstimme: Isa
Geschrieben am 10.05.2023

laras tränen

ich weiß, isa, ich weiß, aber was
soll ich denn nur tun?
laras tränen schmerzen so krass,
sie lassen mich nicht ruhn

ich wünscht, ich könnt hier nur weg,
aber nirgends ist für mich n platz –
also bleibt mir nur absturz + ich verreck;
für so viele hat das doch schon geklappt

also, warum gibt es liebe, wenn man
niemals für sie reicht?
wenn kein einzelner ihrer umstände
in güte für einen greift?

du, ich möchte nie wieder schweben:
ich hoffe, alles in mir wird erfrieren
mir bedeutet nämlich nichts meer im leben;
isa, ich hab nichts meer zu verlieren

Leadstimmen: Mischa + Isa
Geschrieben am 20.05.2023

herr sonnenschein war mal wer

ich hab alle höhen gesehen, alle tiefen auch,
steht auf einem seiner zettel geschrieben
ich war mitten im geschehen, ja, ich war raus
& beide enden hat er nicht vermieden

er blickt zurück auf prestige + auf frauen
+ ach, immer wieder das liebe geld
doch nun isser nur noch bemüht zu schauen
sich wieder zu spüren in dieser leeren, stillen welt

Leadstimme: Herr Sonnenschein
Geschrieben am 05.03.2023

letzter kuss

wie oft hast du meine nummer gewählt
+ dir dabei gewünscht, ich wäre bloß
irgendjemand, den du nicht kennst?
wie oft hab ich auf dein wort gezählt
+ ließ von mir währenddessen los,
nur damit ich zum schluss wieder unten häng

wie viel hab ich dir nachgegeben
+ wusste eigentlich, in
meiner hoffnung war ich allein
was nur erst muss ich dir nehmen,
dass du den sinn
erkennst, so solls nicht sein?

& so kritzelt er auf
dieses zerknitterte stück papier,
was sie hoffentlich klipp + klar versteht:
jeder trick, den du drauf
hast, ja, prallt bald ab von mir,
nachdem dein letzter kuss von mir geht

Leadstimme: Mischa
Geschrieben am 13./16.03.2023

nun bist du wer

nun bist du wer, lara
nun, denkst du, gehört dir die welt
du wandelst dich + wirst zum konstrukt
aus attitüden:
so, als würde der mensch dahinter
nicht länger genügen,
nur damit sich dein plan dadurch
irgendwie zusammenhält

nun bist du wer, lara
ich erkenn nichts meer von deinem gesicht
die, die mir was bedeutet, ist kaum noch da,
wundert sich mischa: ja, sie vergisst mich
& du hast eine neue nummer nun
+ hast, raus ausm viertel, so viel zu tun;
ja, die erinnerung an uns wird rar

aber du, schwört er, sollte nichts
aus deinen wünschen werden
+ sollte sich ein weg nach dem andern
für dich verderben
+ deine illusion liegt dann vor
deinen füßen in eintausend scherben,
hoffe ich, dass du dann nicht
vor mir in reue stehst:
denn mein herz war nie jemand andres,
                            es liebte wahr,
bis du für uns entschieden hast:
du gehst

Leadstimme: Mischa
Geschrieben am 23.04.2023

anderes blau

er ringt mit sich in seiner 1-zimmer-bude, parterre
wie wäre es, wenn ich jetzt ganz woanders wäre
mit einem himmel über mir so viel blauer
nur weiß er noch nicht wie genauer
+ nippt im dunkeln den rest vom billigen wein
+ schluchzt dabei um sein gebrochenes herz allein

Leadstimme: Mischa
Geschrieben am 06.03.2023

sie tanzt ihr leben lang

sie tanzt schon ihr leben lang:
sie weiß genau seinen ton
sie tanzt von der einen ecke zur nächsten
so gut sie kann;
sie tanzt + tanzt nach seinem willen
+ hofft, irgendwann schätzt ers schon

sie tanzt längst, wenn der morgen anbricht:
sie tanzt in der küche bereits um fünf
sie tanzt vom bad zurück
zum kuss auf sein gesicht,
während er nur fragt,
warum sein tag erst jetzt mit kaffee beginnt

dann tanzt sie zur arbeit:
ja, dort spielt sie den perfekten film
sie tanzt zu ihrer müdigkeit
+ hofft, dass die erschöpfung
doch bitte nicht in den abend
zu hause rüberschwimmt

doch dann tanzte *sie* auf einmal *wirklich*,
als sie ihm endlich laut ins gesicht schrie,
dieses leben, nein, hätte sie nicht länger nötig:
ich bereu jeden moment, den ich dir verzieh

da tanzte sie wirklich frei die ganze nacht;
sie tanzte zum ehrlichsten lied
doch zurück zu hause hat er sie nur ausgelacht:
hier, du weißt, was es noch zu erledigen gibt

& so tanzt sie weiter, während sie nicht mal
meer sich selber hält
& sie tanzt + lächelt + fügt sich fatal
damit dem rufen seiner leeren welt

Leadstimme: Maria. Geschrieben am 26.05.2023

Hinterher weint man immer mehr

Der Song aus der Playlist
macht mich traurig.
Das Ende des Films
macht mich traurig.

Wetterwechsel
macht mich traurig.
Einsamkeit
macht mich traurig.

Ein schöner Sternenhimmel
macht mich traurig.
Zu fühlen
macht mich traurig.

Was aus mir geworden ist,
macht mich traurig
und
was aus uns nicht geworden ist.

© Kevin Prox. Geschrieben am 31.03.2022
Erstmals veröffentlicht auf Instagram
@nachtschichtgedanken, 2022

danksagung

für mein babyherz + unsre engel: DANKE aus tiefstem herzen für eure ganze liebe, inspiration + euer dasein. ihr seid für mich ALLES! & ja, ich fühl, bei gott, sieweißes ♡.

n großes dankeschön an kevin prox: dafür, dass ich dein stück "hinterher weint man immer mehr" überarbeiten + in meiner blockgeschichte verwenden durfte.

tiefer dank an: die familie, haydar karaldi, florian kziensik / flen, tobias reimer, d.s. – für ihren ganzen support für meine kunst all die jahre hindurch.

weiterer dank geht an: dakini böhmer, sünje lewejohann, cesareo naranjos, die maya galerie rostock, benedict wells, thomas brasch, meine protagonisten in dieser blockgeschichte: mischa, lara, selda, isa, lennard, jakub, amir, frau y., juliana, herrn sonnenschein + maria.

ganz besonderer dank für ihr vorbild an: selahattin demirtaş + mahsa amini für ihren unbändigen kampf für menschlichkeit + für die freiheit für millionen von menschen.

mögen wir wieder ein bisschen meer lernen, in herzen zu sehen anstatt in farben. #freiheitfürkurdistan #wortkunstfürtoleranz #wortkünstlerinnengegenrechts #fürgleichberechtigung #gegendiskriminierung #gegenausgrenzung #keinrassismus #blacklivesmatter #meerliebefüreinander

der autor

Ben Kretlow, geboren 1985 als Benjamin William Kretlow, ist ein deutscher Schriftsteller und lebt in Kiel.

Ausgezeichnet als Autor des Monats Februar 2014 von XinXii.com, Europas größtes Selfpublisher-Onlineportal.

Unter anderem letzte Veröffentlichungen der Bände *"#DieLetzteFarbe"* (2016, als Printausgabe + eBook), *"2 zeilen & ein stift... gedichte"* (2018, als eBook), *"vom rand der nacht"* (2020, als Printausgabe + eBook), *"xposé. Gedichte 2013-2021"* (2021, als Printausgabe + eBook), *"BLACK ALBUM. traumfäng3r/bootleg"* (2022, als Printausgabe + eBook) sowie *"benjamin winter. Mixtape"* (2022, als Printausgabe + eBook).

Darüber hinaus ist Ben Kretlow Projektinitiator des *SternenBlick*-Projektes sowie Mitherausgeber des ersten Jahrbuchs *"SternenBlick – Ein Gedicht für ein Kinderlachen"* (2014).

Weitere Informationen + Neuigkeiten von + über den Künstler finden Sie hier: benkretlow.de
Kontakt + Anfragen an: info@benkretlow.de

meer
liebe
füreinander.